教室でも楽しめる！
みんなでZOOMあそび！

桂 聖 編著
TKB36 Zoom研究会 著

東洋館
出版社

「Zoomあそび」で盛り上がろう！

明日、教室で、子どもたちと何の遊びをしようかな。

あなたも、こんなことを想い巡らすことがあるでしょう。

教師の仕事で一番嬉しいのは、子どもと一緒に楽しく過ごす時間があることではないでしょうか。授業はもちろんですが、その他の時間も楽しくしたいですね。

朝の会、帰りの会、休憩時間、行事、授業の隙間時間など、遊ぼうと思えば、いろんな時間で遊べます。

子どもたちは、遊びやゲームが大好き。教室で楽しめる遊びは、どんどんやってみたいものです。

さて、本書は、クラスのみんなで盛り上がる「Zoomあそび」を、なんと「62本」も収録しました。どれも私のクラスで試したものばかりです。

「Zoomあそび」と言っても、オンラインのZoomでも行えますし、オフラインの教室でも楽しめます。

クラスの子どもたちと一緒に、オンラインのZoomができる先生は、ぜひやってみてください。離れていても、友達とつながる感じが嬉しいです。

オンラインのZoomができない場合でも、教室で同じようにできます。こちらもぜひ試してみてください。一緒にワイワイ楽しめます。

あなたも、ぜひ「Zoomあそび」でクラスを盛り上げてくださいね。

編著者代表　筑波大学附属小学校　桂　聖

CONTENTS

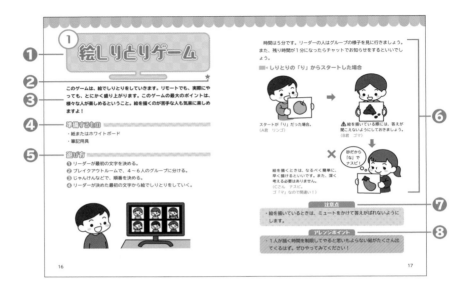

① 遊びの名前です。

② 手軽にできるかどうかを星マークで表しています。★1
つは準備が少なくてすぐにできる遊び、★2つは準備が
必要な遊びです。

③ 遊びの内容や特徴を簡単に紹介しています。

④ 事前に用意しておくものです。

⑤ 遊びの手順を記載しています。

⑥ 実際の遊びの様子を、イラスト等でわかりやすく紹介
しています。

⑦ 遊ぶ際の注意点やZoomの使用方法を記載しています。

⑧ アレンジのポイント等を紹介。クラスに合わせて試して
みてください。

第1章

「Zoomあそび」の遊び方

「Zoomあそび」の遊び方

1 オンラインでも、教室でも、みんなで盛り上がる「Zoomあそび」

あなたは、子どもたちと一緒に「Zoom」で遊んでいますか。

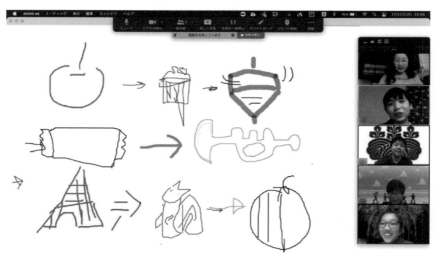

図1 絵しりとり（Zoomオンライン）

上の写真は、**Zoom**で**「絵しりとり」**（P.16参照）をしています。「画面共有」の「ホワイトボード」を使って、言葉ではなくて「絵」でしりとりをします。

描く人は、絵の名前を言ってはいけません。友達が描いた絵の名前を

予想して、しりとりを続けていく遊びです。

「ええっ、これ何？」「あっ、わかった！」「おお、なるほど！」と、Zoomの画面の中で、子どもたちが盛り上がります。

「絵しりとり」は準備不要。簡単にできる「Zoomあそび」です。

一方、下の写真では、**教室で「絵しりとり」**をしています。

図2　絵しりとり（教室）

盛り上がる様子は、オンラインでも教室でも、全く同じ。そう、**本書で紹介するのは、オンラインでも教室でも、子どもたちが盛り上がる「Zoomあそび」**です。

あなたのクラスでも、オンラインや教室で「Zoomあそび」で楽しんでみませんか。クラスで盛り上がること間違いなしです。

2　Zoomのいいところ

　コロナ禍、Zoomの登場は、正に私たちの救世主になりました。
　コロナ前までは、対面が当たり前だった会議。それがオンラインで手軽にできるようになりました。休校中でも、クラスの子どもたちと簡単にやり取りができるようになりました。

　あなたも、Zoomを使ったことがあるのではないでしょうか。
　もしも使ったことがないとしても、安心してください。誰でも簡単に使うことができます。

　これまでは他にも、オンラインの会議システムがありました。でも、Zoomにはかないません。**Zoomの手軽さは、ピカイチ**です。
　例えば、**面倒なアカウントの作成がありません**。ZoomURLを送ってもらうだけで、誰もがアクセスすることができます。
　無料サービスも嬉しいですね。二人だったら無制限。三人以上でも40分以内なら無料です。
　通信のデータ量が少ないのも大きな特徴。映像を配信しても、通信が途切れにくい。通信中は、適切なデータ量になるように自動的に調整されているようです。

　コロナ前、他社のサービスを使って、海外との会議をしたこともあります。でも、映像が途切れて、音声だけに変えることもしばしばでした。Zoomによる通信技術は、他社とは格段に違うのではないかと思ってい

ます。だからこそ、コロナ禍、Zoomは爆発的にシェアを伸ばしたので
しょう。

　ちなみに、私はZoomの単なる、いちファンです。Zoomの関係者では
ありません。Zoomから宣伝をお願いされているわけではありません。
あしからずご了承ください（笑）。

3　Zoomの「ミーティング」を使う

　Zoomには、大きく分けて「ミーティング」と「ウェビナー」のシス
テムがあります。

　「ミーティング」の目的は、会議をすることです。画面には、参加者
の顔が映ります。発言をすることもできます。参加者の名前や人数も互
いにわかります。「ミーティング」は、互いの個人情報を明らかにして
「みんなでワイワイ話し合う」ためのシステムだと言えるでしょう。

　「ウェビナー」の目的は、セミナーをすることです。画面には、参加
者の顔は映りません。もちろん主催者はわかっていますが、参加者同士
は名前や人数もわかりません。手を挙げて、許されたら発言をすること
ができます。「ウェビナー」は、個人情報を出さないで「多くの参加者
に一方的に発信する」には優れたシステムだと言えるでしょう。

　**本書で紹介する「Zoomあそび」は、クラスの子どもたちで行いま
すので、「ミーティング」システムを使います。**

4 Zoomミーティングの使い方

Zoomミーティングの便利な機能は、主として次の三つです。

①画面共有
②チャット
③ブレイクルーム

図3 Zoomの画面

「画面共有」「チャット」「ブレイクアウトルーム」は、図3の太枠で囲っているボタンを押して始めます。

これらは、オンラインの「Zoomあそび」に欠かせない機能です。

また、面白いことに、教室で「Zoomあそび」を行うときには、全部、他の物や活動に替えて行うことができます。

以下、「画面共有」「チャット」「ブレイクアウトルーム」について、「Zoomあそび」に関連づけながら簡単に説明します。

①画面共有

「画面共有」とは、「それぞれの端末のデータを参加者全員に見せることができる機能」です。

Zoomには、PC、タブレット、スマートフォン、どの端末でも入室することができます。また、それぞれの端末から、必要なデータを見せることができます。
Word、Excel、PowerPoint、PDFなど、どんなデータも共有して見せることができます。

オンラインの「Zoomあそび」でよく使うのは、PowerPointのデータです。事前にファイルを開いておいて、見せたいファイルをクリックするだけで、参加者全員に共有できます。クイズ系の遊びは、事前にPowerPointで作成しておきましょう。

音声や動画も共有することができます。その際は「画面共有」ボタンを押した後に現れる「音声を共有」「ビデオクリップ用に最適化」のボタンにチェックを入れておきましょう。

「画面共有」とは、平たく言えば「資料をみんなに見せること」です。もしも「Zoomあそび」を教室で行うなら、教室でみんなに資料を見せればいいのです。プロジェクターで見せたり、画用紙にかいて提示したりすれば、オンラインのZoomでなくても、教室でも簡単に行うことができます。

「画面共有」には、「ホワイトボード」という機能もあります。端末を使って、白いボードの上に絵を描いたり字を書いたりできます。冒頭で紹介した「絵しりとり」は、この機能を使った遊びです。

　もしも教室でやろうと思えば、どうすればいいでしょう。そうですね、冒頭で紹介したように、**教室の黒板を使えばいいのです**。

②チャット

　「チャット」とは、「**参加者が文字で発言できる機能**」です。参加者全員に対して発言できます。特定の相手にだけ発言することもできます。

　オンラインの「Zoomあそび」では、答えを発言するときに使います。発言内容は、時系列で順番に出てくるので、早く答えることができた子も一目でわかります。

　チャットも、教室での「Zoomあそび」で普通にできます。みんなの前で発言するということです。特定の友達だけに話をする場合は、その子の近くに行って内緒話をすればいいですね。

　なお、オンラインで「Zoomあそび」をするときには、「プライベートチャット（１対１のプライベートメッセージを送信できる機能)」を切っておいた方がいいでしょう。Zoomの「設定」でそれを選ぶことができます。遊びのリーダーが知らない間に、参加者同士でやり取りされると困ることが多いからです。

③ブレイクアウトルーム

　「ブレイクアウトルーム」とは、「**部屋に分かれて、少人数で話し合うことができる機能**」です。

オンラインのZoomあそびでは、例えば、32人のクラスの場合、4人を8つのルームに分けて活動を進めることができます。しかも、リーダー（ホスト）は、各グループのルームに入って、様子を確認することができます。

　「全員にメッセージを放送」という機能を使えば、それぞれのルームに分かれたメンバーに同じ情報を伝えることができます。

　裏技として、メインのルームに数人のメンバーを集めるという方法があります。例えば、32人のクラスの場合、4人を8つのルームに分けた後、ルーム代表の一人がメインのルームに戻ってくるように指示しておけば、8人の代表者だけがメインのルームに集まることができます。

　「ブレイクアウトルーム」は、ご想像のとおり、教室でも全く同じことができますね。例えば、4人の班を8つつくって、リーダーがそれらの班を渡り歩いたり、全員に同じ指示を出したり、8つのグループから代表者を集めたりすることは簡単にできます。

　Zoomミーティングの「画面共有」「チャット」「ブレイクアウトセッション」は、オンラインの「Zoomあそび」でも三種の神器だと言えるでしょう。ぜひ有効に使ってみてください。

第2章

みんなで Zoomあそび！

① 絵しりとりゲーム

★

このゲームは、絵でしりとりをしていきます。リモートでも、実際にやっても、とにかく盛り上がります。このゲームの最大のポイントは、様々な人が楽しめるということ。絵を描くのが苦手な人も気楽に楽しめますよ！

準備するもの

・紙またはホワイトボード
・筆記用具

遊び方

❶ リーダーが最初の文字を決める。
❷ ブレイクアウトルームで、4〜6人のグループに分ける。
❸ じゃんけんなどで、順番を決める。
❹ リーダーが決めた最初の文字から絵でしりとりをしていく。

時間は5分です。リーダーの人はグループの様子を見に行きましょう。また、残り時間が1分になったらチャットでお知らせをするといいでしょう。

■◀ しりとりの「り」からスタートした場合

スタートが「り」だった場合。
（A君　リンゴ）

⚠ 絵を描いている際には、答えが聞こえないようにしておきましょう。
（B君　ゴマ）

絵を描くときは、なるべく簡単に、早く描けるといいです。また、深く考える必要はありません。
（Cさん　ナスビ。
ゴ「マ」なので間違い！）

砂だから「な」でナスビ！

注意点

・絵を描いているときは、ミュートをかけて答えがばれないようにします。

アレンジポイント

・1人が描く時間を制限してやると思いもよらない絵がたくさん出てくるはず。ぜひやってみてください！

リズムで連想ゲーム

★

4〜5人のグループに分かれて遊びます。リズムに合わせて1番の人が決めた言葉から連想できるものを、次々つなげていきます。リズムに遅れて答えられなかった人は抜けていき、最後に残った人が勝ちです。

準備するもの

・特になし

遊び方

❶ ブレイクアウトルームで4〜5人に分かれて、じゃんけんで順番を決める。

❷ 1番の人が、最初の連想するものを決める（お題は、なんでもいい）。

❸ ♫連想ゲーム♪、〇〇といったら△△〜と手拍子しながらリズムに合わせてつないでいく。

❹ 途中、リズムに遅れて言葉が出てこなかったら負けで、抜けていく。

❺ 7分間で、残った人の勝ち！

■◀ 「富士山」からスタートした場合

♫連想ゲーム

富士山 といったら　　日本 といったら　　お茶 といったら

日本　　　　　　　　お茶　　　　　　　　緑

緑といったら…

途中でリズムに遅れて連想する言葉が出て
こなくなったら負けで、抜けていきます。
7分間で、残った人が勝ちです。

注意点

・最初はリズムの速さをグループ内で決めましょう。
・難しく考えてしまうとなかなか進まないので、例題で練習すると
　いいでしょう。
・何でも思いついたものを言っていくのがコツです。

アレンジポイント

・負けた人が抜けずに、次の回に負けた人からスタートして、7分
　間で負けた回数が、少なかった人の勝ちにしても盛り上がります。

③ ジェスチャーゲーム

★

ジェスチャーゲームは準備するものは一切なし。いつでもどこでも、リモートでも、家でも外でもできる遊びです。

準備するもの

・特になし

遊び方

① 4～6人で1つのチームをつくる。

② チーム内でじゃんけんをして、順番を決める。

③ 1人当たりのジェスチャー時間を決める（30秒が基本）。

④ ジェスチャーする人は誰か1人でも正解したら、次のジェスチャーをする。

⑤ 一番多くジェスチャーできたチームの勝ち。

ジェスチャーは自分で決めてください。

ゲーム時間は5分間。他のゲーム参加者がわかりやすいようにジェスチャーをしましょう！

■◀「描」からスタートした場合

OK
⚠️ ミュートを
かけましょう
（Aさん　猫）

OK
ジェスチャーで
しりとりをしても
いいですね
（B君　ブリッ子）

NO
ジェスチャー
時間は30秒
（Cさん　グッド）

ねこ ○
うさぎ

○ ブリッ子 ○
ブリッ子

いいね
いいね

注意点

・ジェスチャーしているときはミュートをかけて、答えを言ってしまったとしてもばれないようにしましょう。

アレンジポイント

・1対1でやっても楽しめます。

④ USAゲーム

★

DA PUMPの大ヒット曲『USA』のリズムに合わせて楽しむゲームです。準備するものは何もなく、リモート以外でもいつでもどこでも気軽に楽しく遊べちゃいます。

準備するもの

・特になし

遊び方

❶ リーダーがブレイクアウトルームに４〜５人のグループに分ける。

❷ テーマを決める（例えば、国やジュースなど）。

❸ 最初の人は『USA』のリズムに合わせて「♪カーモンベイビー〇〇」と歌いながらテーマに合ったもの（〇〇の部分）を言う。

❹ そのあと２番目の人が〇〇のいいところ、特徴などを言う。

❺ 続けて２番目の人は「♪カーモンベイビー△△」と言い、３番目の人が△△のいいところ、特徴を言う。

❻ ❷〜❺ を繰り返していく。

ゲーム時間は５分間。『USA』の曲のリズムに合わせながらゲームを楽しみましょう！

■◀「果物」をテーマにした場合

リズムに
合わせて言う。

５秒以内に
言えなかったら
OUT！

　言われたその言葉について思いついたことを、そのまま歌に乗せて歌いながら言いましょう！

注意点

・５秒以内にいいところ、特徴が言えなければ脱落となります。

アレンジポイント

・チームで対決してみたり、１対１などといろいろなやり方でやってみても楽しいです！

ロパクゲーム

★

口の動きだけで何を言っているのか当てるというゲームです。とても簡単なので、誰でもすぐにできます。リモートでも実際に教室でやってみても盛り上がります。

準備するもの

・特になし

遊び方

❶ ブレイクアウトルームで、4〜6人のグループに分かれる。

❷ じゃんけんなどで代表者を決める。

❸ 代表者だけメインルームのリーダーのもとに帰って来て、リーダーがいくつか代表者にお題を言う。

❹ 代表者はブレイクアウトルームの4〜6人のグループに戻る。

❺ 代表者はミュートにし、リーダーに言われたお題をグループの人に言う。そして口の動きだけでお題を当てる。

■◀ お題が「本」の場合

代表者はリーダーにお題（この場合は「本」）を聞きに行きます。

代表者はグループのもとに戻ります。

グループの人に聞こえないように口パクでお題（この場合は「本」）を言います。

グループの人はお題を当てます（この場合はグループの人が「本」と答えているので、正解です）。

注意点

・グループの人にお題を言うときや、リーダーが代表者にお題を伝えるときは、他の人に答えがばれないようにミュートをかけたり、小声で喋ります。

・他の人が知らないようなことはお題にしてはいけません。

アレンジポイント

・いくつかのグループで行えば、当てられたお題の数を競うこともできます。ぜひやってみてください。

25

6 カテゴリーゲーム

★

チーム対抗戦のゲーム。指定「カテゴリー」に含まれるものをメンバーが順番に解答し、時間内で多く正解したチームが勝利です。

準備するもの

・画面で解答を共有するもの
（紙と鉛筆、またはホワイトボードとボードペンなど）

遊び方

❶ 進行役（リーダー）が「カテゴリー」をみんなに伝えたらスタート。
　（例：「魚の名前」など）
❷ 決めた順番で解答者がカテゴリーにあった答えを答える。
❸ 記録係は、その答えを記録していき、時間がきたら終了する。
❹ 記録した答えが正しいかを確認して正解数を数える。
❺ 最終的に正解数が多いチームが勝利！

■◀ お題を「魚の名前」とした場合

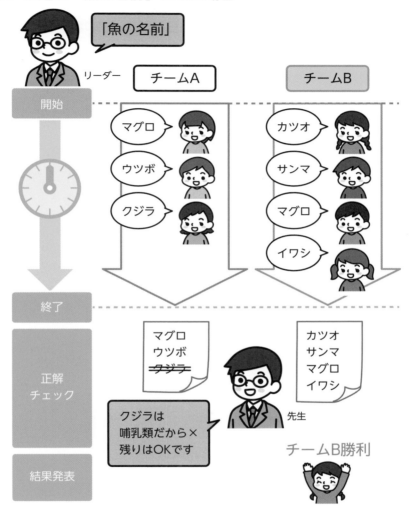

「魚の名前」

リーダー　チームA　　チームB

| 開始 |

マグロ
ウツボ
クジラ

カツオ
サンマ
マグロ
イワシ

| 終了 |

| 正解チェック |

マグロ
ウツボ
~~クジラ~~

カツオ
サンマ
マグロ
イワシ

クジラは
哺乳類だから×
残りはOKです

先生

チームB勝利

| 結果発表 |

注意点

・チーム分けはブレイクアウトルームを使います。

・各チームは、答える順番と記録係を決めます。

・時間の目安は1人30秒程度とし、4～5名なら2～3分です。

⑦ 私の秘密答えてね

★

自分の秘密などをクイズにして、みんなに当ててもらうゲームです。クラスのみんなが自分のことをどれだけ知っているか、ドキドキワクワクできます！

準備するもの

・特になし

遊び方

❶ ブレイクアウトルームで4～6人のチームに分ける。

❷ じゃんけんなどで順番を決める。

❸ 順番に自分についての質問をしていく。より多く正解したチームの勝ち。

ヒントはアリです！

時間は5分ぐらいでいいでしょう。より多くの質問に答えられたチーム
が勝ちです。

■◀ 4人で行った場合

1人目が自分のことについて質問します。

続いて、2人目が質問します。

この場合、2問正解したことに
なります。

注意点

・問題は必ず自分についてにしましょう。自分の宝物や自分の好き
な言葉などでも構いません。

アレンジポイント

・1人の質問に答えられる回数を決めると、慎重になって面白くな
るかもしれません。

8 言葉探しゲーム

★

代表者が「あ」～「ん」までの文字の中で1つ選び、その文字から始まる単語をチームで言い合って一番多かったチームが勝ちというチーム対抗戦のゲームです。

準備するもの

・特になし

遊び方

❶ じゃんけんで代表者を決める。
❷ 代表者が「あ」～「ん」までの中で一つ選ぶ。
❸ 代表者が選んだ文字から始まる単語をチームで言い合う。
❹ ❸ をたくさん言えたチームの勝ち！

注意点

・「ん」「ゃ」「ゅ」「っ」「を」は、答えられないのでお題にはしないようにしましょう。
・お題に濁点（ ゛）や半濁点（ ゜）をつけるのは構いません。
・お題1文字の単語はダメです（木や目など）。

アレンジポイント

・人数が少なかったら、個人戦でやるのもいいでしょう。

9 物しりとり

言葉ではなく、家の中にある物を使ってしりとりをするゲームです。
グループ内で３分以内に何個できたかで争うチーム戦です！

準備するもの

・紙
・筆記用具

遊び方

❶ ブレイクアウトルームで少人数のグループに分けて行う。

❷ リーダーが最初の物を決める。

（例：つくえ）

❸ グループでは、最初の人が「え」のつく物を自宅で探し、見つけた
らみんなに見せてその名前を言う。

（パソコンの前に持ってこられるものだけが対象となる）

❹ 次の人は、その物の最後の文字がつく物を探す。

❺ これを順番に繰り返し、制限時間内にできる限りたくさんの言葉を
つなげる。

（同じ人が２回連続で解答はできない）

❻ 最後に全体に向けて各グループが発表し、一番多く言葉をつなげら
れたグループの優勝。

（発表のためにグループごとに記録係を決めておくとよい）

■◀ お題が「つくえ」の場合

リーダー

つくえ！

1班

えんぴつ！

つみき！

パソコンにもってこれる物だけでします！

キッチンにきたよ〜！

2班

えんぴつ！

つち！

ちきゅうぎ！

ぎゅうにゅう！

う…

2班の優勝！

注意点

・ブレイクアウトルームでは記録係を決めておきましょう。ただし各自が記録しても大丈夫です。自分が行ったものだけを記録するのもOKです。

・映す物はパソコンやタブレット、スマホなどの画面の前に持ってこられる物だけでお願いします。キッチン、冷蔵庫など大きくて移動できないものはダメです。

漢字のつくりゲーム

★

漢字のつくりゲームとは、代表者が漢字のつくり（と部首）を決めて、その漢字のつくりが使われている漢字をチームで言い合うゲームです。

準備するもの

・特になし

遊び方

❶ じゃんけんで代表者を決める。

❷ ブレイクアウトルームで、4～6人のチームをつくる。

❸ 代表者が漢字のつくり（か部首）を1つ決める（偏^{へん}、旁^{つくり}、冠^{かんむり}、脚^{あし}、構^{かまえ}、垂^{たれ}、繞^{にょう}など）。

❹ 代表者の言ったつくりが入っている漢字をチームで言い合う。

❺ その漢字をたくさん言えたチームが勝ち。

■◀ 問題を木偏とした場合

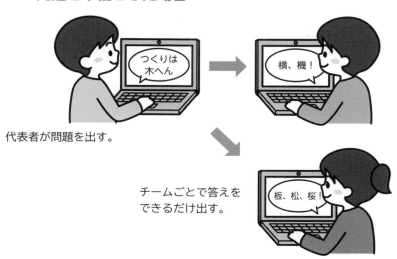

代表者が問題を出す。

チームごとで答えを
できるだけ出す。

アレンジポイント

・存在しない漢字やお題に合わない漢字をチャットで打った場合は、
　減点してもいいでしょう（－１点など）。
・もし人数が少なかったら、個人戦でやるのもいいかもしれません。

鼻歌当てクイズ

★

2人以上なら何人でもできるゲームです。1人1曲、鼻歌を歌います。最初から難しい歌で始めてしまうと盛り上がりに欠けてしまうので、最初は誰でも知っている歌からスタート！ 普段、人前で歌うのが苦手な方も鼻歌なら大丈夫です。

準備するもの

・知っている歌のリスト

遊び方

❶ ブレイクアウトセッションに分かれる。

❷ じゃんけんで鼻歌を歌う順番を決める。

❸ 1人ずつ鼻歌を歌う。

❹ わかった人はタイトルを答える。

イントロでもサビでも、歌う人がクイズにしやすい方法で、他の参加者に鼻歌を披露。わかった人が即答します。

1曲目はできるだけ誰にでもわかる歌でスタート！

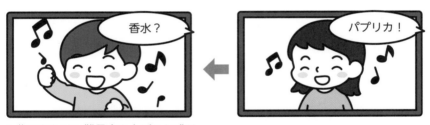

4曲目あたりで難易度を上げると盛り上がるかも（例：「365日の紙飛行機」「世界に一つだけの花」など）

注意点

・鼻歌は音を拾いにくかったりする可能性があるため、意識的に静かにします。

アレンジポイント

・歌が歌いたい！という人のために、1つの歌で歌詞を間違えたら次の人に交代する「歌リレー」もおすすめです。

⑫ 動物名しりとり

★

動物の名前でしりとりをします。知らない生物が出てきたり、得体のしれない生物が出てきたりして、ゾクゾクワクワクするかも！ ぜひ、やってみてください。

準備するもの

・特になし

遊び方

❶ リーダーが初めの1文字を決める。

❷ ブレイクアウトルームで4〜5人のチームに分ける。

❸ じゃんけんなどで順番を決める。

❹ リーダーが決めた文字から動物名しりとりをしていく。

❺ 一番多く言えたチームが勝ち！

時間は、5分です。リーダーの人は、グループの様子を見に行きましょう。また、残り時間が1分になったら、チャットでお知らせをするといいでしょう。

■◀「り」からスタートした場合

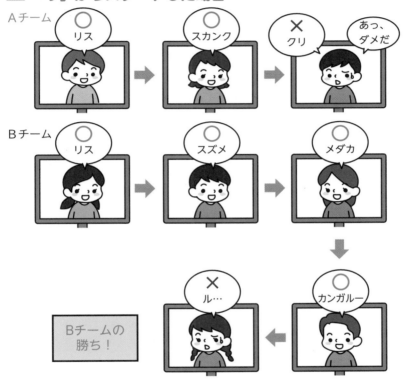

注意点

・動物以外の物の名前はダメです（植物など）。
・人間は含みません。

アレンジポイント

・哺乳類や爬虫類、魚類、爪や鱗の有無など、縛りを設けると、もっと面白くなるかも!?

13 お絵描き連想ゲーム

ヒントの絵からお題を連想する遊びです。絵が下手でも、逆にその絵が面白いヒントになるかもしれないので、どんな人でも楽しめます。きっと絵を描くことが楽しくなってきますよ！

準備するもの

・紙またはホワイトボード
・筆記用具

遊び方

❶ リーダーは内緒でお題を決めておく。

❷ 解答者を決める。１人でも複数でもよい。

❸ リーダーは解答者以外のメンバー（ヒンター）にお題を伝える。このとき、解答者はお題を見ないように、席を外すか目隠しをする。

❹ ヒンターは各々、お題から連想される絵をホワイトボードか紙に描く。お題そのものの絵を描いてはいけない。

❺ 解答者はヒンターたちの描いた絵から、お題を当てる。

■◀ お題が「お正月」の場合

ヒンター　　　　　　　　　　　　　　解答者

■◀ お題が「富士山」の場合

  ←「富士山」そのものを描くのはNG！　　　　　　　

注意点

・絵を描いている途中で答えを言わないようにしましょう。

アレンジポイント

・Zoomで遊ぶ場合はブレイクアウトルームに分かれて、ホワイト
　ボード機能を使って遊んでもいいです。

⑭ 歴史人物ゲーム

★

歴史人物ゲームを紹介します。面白い名前が出て来たり、新たな知識を得ることができるかも……。やってみてください！

準備するもの

・メモ用紙
・筆記用具

遊び方

❶ リーダー（ホスト）が、4〜5人になるようにブレイクアウトルームに人を分ける。

❷ 各ルーム内で書記を決める。

❸ みんなで歴史上の人物名を出し合い、書記が書き留める（書く速さが間に合わない場合、数だけでもよい）。

❹ メインルームに戻って、グループごとに書記が数を言い、1番を決める。

制限時間は5分です。リーダーの人は、グループの様子を見に行きましょう。また、残り時間が1分になったら、チャットでお知らせをするといいでしょう。

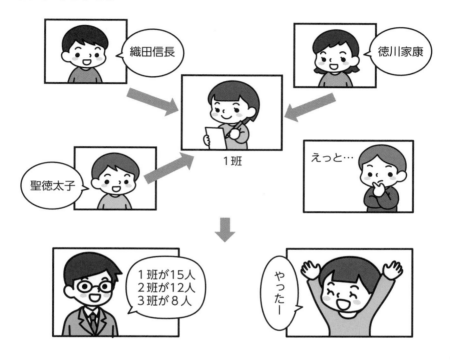

・書記の人は、ルーム内で同じ答えを数には入れないように気をつけましょう。
・他の人が知らないような、自分の家族の名前は言わないでください。また、架空の人物の名前などもダメです。

・時代や国などの縛りを設けると、得意・不得意の差が縮まって、いい勝負になるでしょう。

15

Zoom de BINGO

★

みんなに大人気のBINGO！ リモートでもリアルでも、十分に楽しめ
ます。数字だけでなく、都道府県、芸能人の名前、動物の名前など、
様々なテーマで遊べるので、何回やっても面白いです！

準備するもの

・紙
・筆記用具

遊び方

（都道府県ビンゴの場合）

❶ それぞれの紙に9個の四角を書く。

❷ その中に都道府県の名前を書く。

❸ リーダーがランダムに都道府県の名前を出す。自分が書いたもの場
合は×をする。

❹ 縦、横、斜めのどれでもいいので、一列に×が並んだら、「ビンゴ！」
と手を挙げる（反応でもOK）。

■◀ 都道府県ビンゴの場合

四字熟語創作ゲーム

★

好きな漢字を１文字ずつ書いて、時間内にみんなが書いた漢字を組み合わせて新たな四字熟語を考えます。いろいろな熟語ができて盛り上がること間違いなしです！

準備するもの

・紙
・筆記用具

遊び方

❶ 時間を決める（検討と発表をまとめる時間として４～５分が適切）。
❷ Zoomのブレイクアウトルームを使ってチーム分けをする。
❸ まとめ役兼発表者を決める。

〈ゲーム進行〉

❶ 進行役（リーダー）がスタートを宣言。
　※お題（「勉強」「日常生活」とか、もしくはお題の絵を決めてもよい）
❷ チーム内のメンバーで好きな漢字を書いて見せ合う。
❸ メンバーで４つの漢字をどういう順番に並べ、どういう意味にするかを考える。
❹ まとめ役兼発表者は、時間内に意見をまとめて、創作した四字熟語読み方、そして意味を紙にまとめる。
❺ メインセッションに戻り各チームの発表者が四字熟語を発表する。
❻ リーダーに各チームの作品を比較して、順位をつけて発表してもらう。

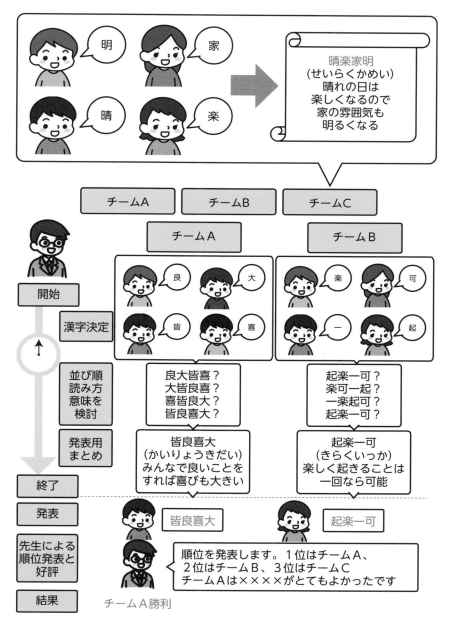

⑰ オンリーワンゲーム

★

お題に対してその答えが自分1人だけ（オンリーワン）になるようにするゲーム。みんながどんな答えにするのかを考えるのが面白いです。オンラインだけでなく、実際に教室でやってみても楽しいです！

準備するもの

・紙またはホワイトボード
・筆記用具

遊び方

❶ 誰か1人がお題を決める。
❷ みんなでお題の答えを考える。
❸ 答えを書けたら一斉に見せる。
❹ 誰とも答えが被っていない人が勝ち！

赤いもので1人だけなのはいちごだけ
なのでBさんの勝ちです！

WIN

注意点

・自分が考えているものを他人に教えないようにしましょう。
・あらかじめ勝利条件を決めておきましょう。

アレンジポイント

・自分たちでいろいろなお題を考えてやるとさらに楽しくなります。

18 本人特定ゲーム

★

たくさんのヒントを出して、どれだけ当てられなかったかを競います。
グループのみんなで力を合わせて難しいヒントを考えましょう。教室で
やっても十分楽しめます！

準備するもの

・ヒントをメモする紙（ヒントを発表する人だけが用意）
・筆記用具

遊び方

❶ ブレイクアウトルームに分かれて、4～5つのグループを作る。
❷ グループ内でヒントを発表する人と特定される人を決める（じゃん
　けんで一番に勝った人が発表者、二番目が特定される人）。
❸ ブレイクアウトルームで、特定される人のヒントを話し合う。
❹ メインセッションに戻って、グループごとに発表者が特定される人
　のヒントを言う。
❺ 他のグループの特定者が誰かわかったら、チャットに記入する。
❻ すべてのグループの特定者を当てられたら、何回目のヒントで当て
　られたかを聞く（出したヒントが多いチームが勝ち！）。

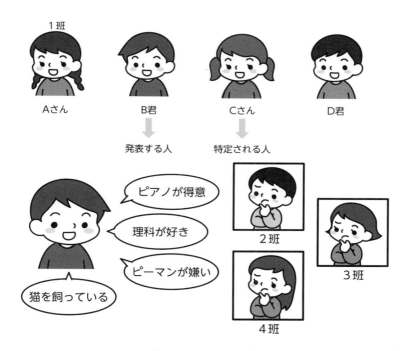

1班

Aさん　B君　Cさん　D君

発表する人　特定される人

ピアノが得意

理科が好き

ピーマンが嫌い

猫を飼っている

2班

3班

4班

出したヒントの数

WIN!!

7個　6個　4個　3個

1班　2班　3班　4班

なんちゃって クロスワード

★

縦横に交差したマスに、お題に沿った単語を考えて当てはめていくゲームです。簡単そうに見えて実は結構難しいです。いろいろなお題やマスパターンで楽しんでみてください。

準備するもの

・紙またはホワイトボード
・筆記用具

遊び方

❶ リーダーがお題とマスパターンを決める。

❷ 提示されたマスにぴったり当てはまるようにお題の単語を考える。

❸ 3分間でより多く考えることができた人の勝ち。

◀ お題が動物だった場合

「お題は生き物（動物、魚、虫なんでもOK）です。
考えてもらうマスパターンはこちらです（右）。
3分でできるだけ多く考えてください。
それでは、スタート！」とリーダーが
言って始めていきます。

A君（2個）

Bさん（2個）

C君（2個）

考えた答えを発表し合うと、面白いです。

注意点

・マスへ単語を当てはめるときは、左から右、上から下とします。

アレンジポイント

・テーマを植物・食べ物・国名などに変えます。
・マスパターンを変えても面白いです。マスが増えれば難易度UP!
例）

⑳ 答えをそろえよう!

★

お題に対して、「その答えが他の参加者と被るようにするゲーム。みんながどんな答えにするのかを考えるのが面白いです。実際に教室でやってみるのも楽しいです!

準備するもの

・紙またはホワイトボード
・筆記用具

遊び方

❶ 誰か1人がお題を決める。
❷ みんなでお題の答えを考える。
❸ 答えを書けたら一斉に見せる。
❹ 誰かと答えが一緒になっていたら勝ち!

■◀ お題を「国」にした場合

出題者

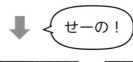

A君　　　　　　　Bさん　　　　　　　Cさん

注意点

・自分が考えているものを他人に教えないようにしましょう。
・みんなが書きそうなものを書きましょう。

アレンジポイント

・自分たちでいろいろなお題を考えてやるとさらに楽しくなります。

21 色集めゲーム

★

ある1つの色のものを集めるだけの簡単なゲームです。この説明だけでは、つまらないと思うかもしれませんが、やってみるととても面白いです。

準備するもの

・メモ用紙
・筆記用具

遊び方

❶ お題を出す人を決める。

❷ 出題者が、お題となる色を決める。

❸ 家の中から❷で決めた色の物を探す。

　（持ってきた物をあとで数えられるようにメモしておく）

❹ 一番多く持ってこられた人の勝ち。

Aさん
4つ

ペンケース　ゴム　人形　PC

B君
6つ

消しゴム　鉛筆　ズボン　画用紙
せっけん　箱

B君の勝ち！

Cさん
3つ

カバン　ペンケース　服

注意点

・メモをしておかないと、せっかく持ってきたものを忘れてしまう
　おそれがあるので、メモをしておいたほうがいいでしょう（やり
　方は人それぞれなので、絶対ではありません）。

アレンジポイント

・１つの色ではなく、いろいろな色を集められた人の勝ちにしたり、
　個人戦ではなくて、チーム戦でやっても面白いでしょう。

22 ZoomでZoomアウト

画面に映っているものを当てるゲームです。みんなが共通で知っている
ものを出題すると盛り上がります。はじめはぼやけてわからないですが、
だんだんビデオカメラから遠ざけると正解がわかります。

準備するもの

・出題する品物
・品物を映すビデオカメラ

遊び方

① リーダーが出題する品物をビデオカメラにぴったりとくっつけてク
イズスタート。

② リーダーは、少しずつ品物をビデオカメラから離していく。

③ 解答者は品物がわかったら、自分の名前を言う。

④ リーダーは、解答者に「〇〇さん」と言い、答えを言ってもらう。

⑤ 正解の場合は、リーダーは「当たり」と言ってゲーム終了。間違っ
ていた場合は、その解答者はミュートにして、今後解答できない。
正解が出るまで、リーダーはさらに品物をビデオカメラから離して
いく。

■◀ 品物が「アルバム」の例

品物が「アルバム」だった場合。リーダーはビデオカメラの前にぴたっと品物くっつけて写します。

品物をだんだんビデオカメラから離していきます。

解答者は、品物が何かわかったら、自分の名前を言い、リーダーに名前を呼ばれたら、答えを言います。

注意点

・解答者は答えを言う前に自分の名前を言い、リーダーに名前を呼ばれてから解答しましょう。みんなが一斉に話すと答えが聞こえなくなってしまいます。
・リーダーは、解答者が答えている間は、品物の位置は変えません。

23

絵スチャーゲーム

★★

このゲームは、ブレイクアウトルームで4～5人のグループに分かれて競います。代表者が描いた絵をメンバーが全員で協力して当てていきます。制限時間内に何問正解したか、グループごとに発表します。

準備するもの

・問題を10～15問

遊び方

❶ リーダーが、問題を10～15問決めておく。4～5人のチームに分ける。

❷ ブレイクアウトルームに分かれたら、代表者を決める（ここで、ホワイトボード画面にする）。

❸ 各グループの代表者は、リーダーのところへ行き、問題を聞いて、メモをとる。

❹ 代表者がグループに戻って、準備ができたらスタート！

❺ わからない問題は、パスをすることができる。一番多く当てたグループの勝ち。代表者は「違う」「そう」「正解」「パス」「惜しい」以外を言ったら、減点となる。

メモ

代表者は問題をリーダーから聞いてメモをとります（10 ～ 15問）。

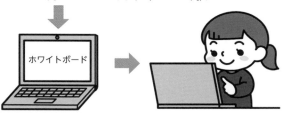

「設定」→「画面の共有」から「ホワイトボード」「ミーティングツールバー」の「画面の共有」→「ホワイトボード」を選択し、「共有」をクリックします。

お題が「エッフェル塔」の場合

注意点

・代表者になった人は、ホワイトボードの機能が使えることを確認しましょう。

アレンジポイント

・グループ内で、一番たくさん当てた人が勝ちです。
・代表者を変えて、何回か対戦してみましょう。

24

国宝クイズ

★★

ある国宝の一部の画像を見せて、国宝の名前を当てるクイズです。画像を見せるときにどんどんズームアウトしていくと、答えが推理できて面白いです。

準備するもの

・国宝の写真（紙やデータ）

遊び方

① リーダーがある国宝の画像の一部を見せる。
② どんどんズームアウト（またはズームイン）していく。
③ 国宝の名前がわかった人は、個人チャットに書いてリーダーに送る。
④ リーダーが正解を伝え、その国宝について解説をする。

■◀ 問題を「松本城」にした場合

まずはリーダーが、ある国宝の画像の一部を見せます。

リーダーがどんどんズームアウトしてきます。

わかったら、個人チャットで答えを伝えます。

リーダーが国宝の解説をします。

アレンジポイント

・インターネットで解答を調べてもOKなど、知識の幅に応じてルールを変えることもできます。
・レベルに合わせて、Zoomのアンケート機能を活用して選択肢をつけたりしてみてください。
・国宝の一部を切り取った画像や、国宝のある場所の地図や由来するものの画像などからどんどん正解に近づけていっても面白いです。
・国宝だけでなく、いろいろなお題（例えば世界遺産）でも応用できます。

25

数の不思議

★★

このゲームは、算数の「倍数」の原理を使った謎解きです。解説の前にブレイクアウトルームで、謎解きについて話し合ってみるのも楽しいです。

準備するもの

・メモ用紙
・筆記用具

遊び方

リーダーから参加者に、以下の順番で指示を出していく。

❶ 好きな数を頭の中で思い浮かべる（０〜500までの数字）。

❷ 思い浮かべた数を５倍する。

❸ 思い浮かべた数に25を足す。

❹ ❸ の答えに0.2をかける。

❺ 最初に思い浮かべた数を引く。

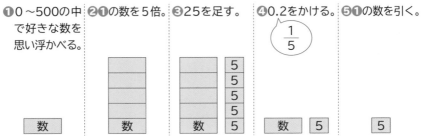

❶０〜500の中で好きな数を思い浮かべる。　❷❶の数を5倍。　❸25を足す。　❹0.2をかける。 $\frac{1}{5}$ 　❺❶の数を引く。

※❶の数とは思い浮かべた数のこと。

出典：朝日小学生新聞

まず、リーダーが、
メモ帳を用意するよ
う伝えます。

手順❶ 〜❺ を伝えます。
　❶ 89
　❷ 89×5＝445
　❸ 445＋25＝470
　❹ 470×0.2＝94
　❺ 94−89＝5

どんな答えになったか質問します。

謎解きをします。
（左頁の下を参照）

注意点

・好きな数が大きすぎると、あとで計算が難しくなります。

アレンジポイント

・5の倍数だけでなく他の倍数（例えば3の倍数）の場合には、ど
　の数を足してどの数をかけるか考えてみるも楽しいです。

26 ことわざゲーム

★★

一定時間内に、バラバラにされた文字を並びかえて、ことわざを作るゲームです。限られた時間なので、ドキドキします。出題者は、いかに解答者を迷わせられるか、楽しく問題を作れます。

準備するもの

・筆記用具
・紙

遊び方

❶ 出題者が、1つのことわざの文字をバラバラに並びかえた画面を作成し、解答者に見せる。
❷ わかった解答者は手を挙げて、発表する。
❸ あらかじめ決められた時間内にことわざを完成させることができれば正解。

■■◀ お題を「猿も木から落ちる」とした場合

まずは制限時間３分でやってみましょう。
（音楽を流して、１曲流れ終わるまでとしてもいいでしょう）
出題者がスタートの合図をします。

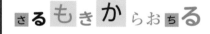

正解！

猿も木から落ちる

27

実から出たワサビゲーム

★★

リーダーが決めたことわざの1～3文字だけ変え、新しく面白いことわざを作るゲームです。「身から出た錆」ということわざがあります。これを「実から出たワサビ」のように面白い意味のことわざを作って楽しみます。

準備するもの

・紙
・筆記用具

遊び方

❶ ブレイクアウトルームで数名ずつのグループを作り、リーダーが1つのことわざを言う。

・例「身から出た錆」

❷ 各グループでは、出されたことわざの1～3文字だけ変え、みんなで協力して新しく面白いことわざを作る。新しいことわざの意味も考える（制限時間3分）。

・新しいことわざの例「実から出たワサビ」

・意味の例「美味そうな果実の実の中に、ピリリと辛いワサビのような物が入っていることがあるので、油断せず、慎重に対応することが大切」

❸ ブレイクアウトルームが終わったら、グループごとに発表する。

❹ アンケートで一番投票数の多いチームの優勝！

■◀ お題を「身から出た錆」とした場合

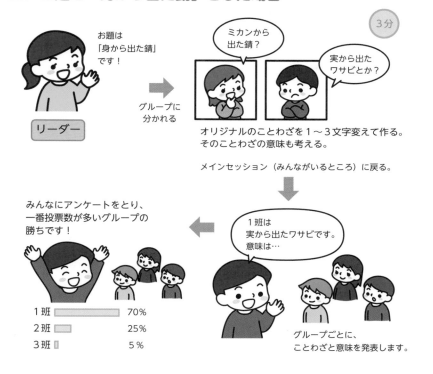

注意点

・長く時間をかけると、たくさんアイデアが出るのですが、Zoom
　上では混乱するかもしれません。なので3分という短時間で集中
　してやるのがポイントです。

アレンジポイント

・グループで話し合うときは、各自で考えて最もよいものを選び、
　発表する方法もあります。

28

とうそくるい
頭足類ゲーム

★★

与えられた条件で、言葉をどれだけ思いつくか。始めの一文字（頭）と最後の一文字（足）が決められ、間の文字を考え、言葉にするゲームです。

準備するもの

・紙
・筆記用具

遊び方

❶ 言葉を２つ決める。ここでは３文字とする。

❷ 解答者は、紙に４×４のマスを書き、続けて左上の１マスを空け、横に頭となる言葉、縦に足となる言葉を書く。

❸ 時間を設定し、解答者は３×３＝９マスに当てはまる言葉を考える。考える言葉は３文字以上。考え出したものを、紙にどんどん書いていく。

組み合わせの言葉は不可（赤いリンゴとか）。

その間に出題者は、Zoomのホワイトボードを使い、４×４＝16マスを書いて、頭の言葉、足の言葉、そして３×３に番号を振る（1〜9）。

❹ 時間が来たら、出題者はマスを指定して、解答者の考えた言葉を聞く。書いた言葉の数が得点になる。

■◀ 頭が「アイス」、足が「メロン」の場合

代表者の考える言葉

1. 頭の言葉は、「ん」を入れてはいけません。

   （「ん」を入れると、ゲームができない）⇒アイス

2. 足の言葉は、何でも構いません。　　⇒メロン

足＼頭	ア	イ	ス
メ	1	4	7
ロ	2	5	8
ン	3	6	9

みんなの答え

いろいろな答えを聞いて……ふむふむ、なるほど。

それがあったか！

言葉のレパートリーが広がるね!!

足＼頭	ア	イ	ス
メ	1 ニ	4 ゾゲンマ	7 ル
ロ	2 フ	5 シコ	8 イ
ン	3 キカ	6 ンカ	9 プー

16点だ！

アレンジポイント

・慣れてきたら、文字数を増やしてもいいでしょう。

　（4文字、5文字、時間がたくさんあるとき）

・解答者は、ブレイクアウトルームで、複数人で考えてもOK。

29

ZoomでZoomアップ

★ ★

まずは小さな画像を見せて、少しずつ大きくしていき、その写真が何かを当てていきます。最初はわからなくても少しずつ見えてくるので、みんなが楽しめます。悩んでいたら、実はとても身近なものかも!?

準備するもの

・あらかじめ決めておいた写真（データ）を数枚

遊び方

❶ 出題者が写真を画面共有して、小さい画像から徐々に大きい画像を見せていく。

❷ わかった人は主題者に個人チャットで解答を送る。

❸ 最後まで見せ終わったら答えを発表する。

❹ 答えが合っていた人の上位3人までを発表する。

■◀ お題が「地球儀」の場合

出題者は、「今から写真を見せます。だんだん拡大していくので、わかったら個人チャットに打ち込んでください」と言います。

地球儀！

■◀ お題が「ムンクの叫び」の場合

ムンクの「叫び」！

注意点

・考えた答えを全員チャットに送らないようにしてください。

アレンジポイント

・写真の上下をひっくり返したりして、より難しくしてもいいかもしれません。
・参加者が共通で知っている人や場所などを問題にするとより楽しめます。

㉚ トランプ数字当て

★★

トランプを引いて作った数字とマークを当てるゲームです。実際にやってみると、集中して、あっという間に時間がたってしまいますよ！

準備するもの

・トランプ

遊び方

❶ 代表者がトランプを5枚引く。

（最初は、1組のトランプのうち、赤1種、黒1種の2種だけを使うのがおすすめ。

例：♥と♠の1から13）

❷ 代表者が引いたトランプを数が小さい順番に左から並べて5桁の数字を作る（同じ数字の場合、黒が赤より左側）。

❸ 解答者が順番に質問をしていく。

❹ 一番早く代表者の数字がわかった解答者の勝利。

❺ 一番早くわかった解答者が、代表者と交代して2回戦を行う。以降続けていく。

■◀ ♥と♠を使った場合

代表者

トランプを引く⇒♥1 ♥4 ♠7 ♥11（J）♥13（K）

注意点

・数字やマークがわかる質問はNG（例：一番左の数字は？）。

アレンジポイント

・慣れてきたらジョーカーを入れてもOK（ジョーカーは真ん中に
置く）。

・♥♠◆♣でやってもいいでしょう。対戦も可能、アレンジもいろ
いろできます。

人狼ゲーム

★★

村の中（Zoom）に隠れた人狼を、みんなで協力して見つけるゲームです。誰が人狼かわからないドキドキ感がたまりません。Zoomで顔を見ながら議論をして、メンバーの中にいる人狼を探し出しましょう。

準備するもの

・特になし

遊び方

ゲーム人数：4〜8人

❶ じゃんけんでゲームマスターを決める。

❷ ゲームマスターはランダムで人数に応じて役職を決めて、プライベートチャットで決まった役職をメンバーに知らせる（役職には市民、占い師、人狼がいる）。

ゲーム開始

❸ 自分の役職を確認したら画面を見ないように顔を伏せる。

❹ 占い師は役職が知りたい人を1人だけ選んでゲームマスターにプライベートチャットで聞くことができる。

❺ ゲームマスターのかけ声でミュートを解除する。

❻ 5分ゲームマスターを除いた人で話し合い、誰が人狼か考える（制限時間は5分）。人狼は村人あるいは占い師のふりをして、自分が人狼だとバレないようにする。

❼ 5分後、全体チャットで多数決で人狼だと思う人を決める。

❽ ゲームマスターが人狼を発表。当たっていれば市民の勝ち、外れていれば人狼の勝ちとなる。

A君　　Bさん　　　Cさん　　　D君　　　Eさん

↑
ゲームマスター

[5人なので
人狼1人・市民4人か、
人狼2人・市民3人]

A君：人狼
Eさん：占い師
他：市民

Bさんの
役職を
教えて下さい

占い師はゲーム開始前に役職を知りたい人を一人だけ選んで
ゲームマスターに聞くことができます（他の人には知られない
ようにしてください）。

プライベートチャットで一人一人に役職を送る

ぼくは
占い師だ
Cさん
怪しいな！

私は違うわ、
D君が怪しい

D君が人狼よ！

話し合い中

多数決でD君！

正解は
…A君‼

やったー

ええー

注意点

・他の人に自分の役職が知られないように気を付けましょう。

アレンジポイント

・参加人数を増やして人狼の数も増やすと、さらに盛り上がります。

32 早打ちタイピング

★★

画面に映っているお題を誰が一番早くタイピングできるかを競争するゲームです。タイピングするのが難しいお題だと盛り上がります。タイピングの練習にもなって、おすすめです。

準備するもの

・お題（リーダーはパソコンにお題が映せるように準備をしておく）

遊び方

❶ スタートの合図で、リーダーが画面を共有し、解答者全員にお題を見せる。

❷ 解答者はチャットの画面で、お題の文章を間違えることなく入力して全員に送信する。

❸ 一番早く、正しく、文章を入力できた人が優勝！

❹ 解答者は間違えて入力してしまっても、何回でも答えを送信することができる。

■◀ お題が「汽車汽車シュッポ」の場合

汽車汽車シュッポ

共有

お題が「汽車汽車シュッポ」だった場合、スタートの合図でリーダーはお題を画面で全員に共有します。

解答者はチャットの画面で、出題されたお題を入力して、全員に送信します。

一番早く、正確にタイピングできた人が優勝です。

チャット
A君
きしゃきしゃシュッポ
B君
汽車汽車シュポ
C子
汽車汽車シュッポ

チャットは上から入力が早い順に文字が並びます。

←A君は「汽車」がひらがななので×

←B君は「シュポ」が間違いなので×

←C子さんの優勝!!

注意点

・リーダーは出題後、チャットの画面を見て誰が優勝したか発表しましょう。

アレンジポイント

・長いお題や、わざと違う漢字をお題にしたひっかけ問題も楽しいですよ!

33

記憶力ゲーム

★★

はじめに見た絵（または写真）を記憶して、次に見せる絵と比べてどこが変わったのかを当てて記憶力を競うゲームです。好きな映画やアニメの絵が出てくると、どんどん盛り上がってとても楽しめます。さて、どのくらい記憶力があるかな？

準備するもの

・問題となる絵や写真

遊び方

❶ リーダーがパワーポイントに貼った絵や写真を見せる。１枚目をじっくり見たあとに２枚目を見る。

❷ はじめの絵からどこが変わったのか早い者勝ちで答える。

❸ 絵は何種類か用意する。

・共有画面で絵を見て、記憶してから次の絵と違う部分を当てます。わかりづらい場合は交互に何度か見せてもよいでしょう。
・答えがわかった人はチャットに打ち込み、一番早く打ち込んだ人の勝ちです。個別チャットに送ったほうがみんなに答えが見られないのでいいかも！

■◀ 誕生日ケーキの絵を使った場合

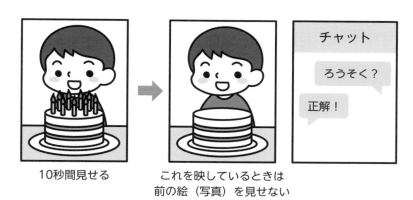

10秒間見せる　　　　これを映しているときは
　　　　　　　　　　前の絵（写真）を見せない

注意点

・気に入った絵や写真を見つけたらパワーポイントに挿入して貼りつけます。
・絵の一部を変えます（何かを消す場合は、挿入から四角を選んで図の形式で背景と同じ色をぬる）。

アレンジポイント

・流行っている映画のポスターなどを使うと、より盛り上がって楽しめるでしょう。
・目立つところを１つ変えるくらいでも意外と気がつかなくて面白いですよ（私は人の影や手に持っているものを消しました。こんなわかりやすいところだったのか…って思いますよ！）。

34

これは、何でしょう？

★★

ある物に対して、順番にヒントが出てきます。わかった時点で、代表者にチャットで、答えを送ります。シンプルな遊びですが、やり出すと結構盛り上がります！

準備するもの

・プレゼンテーションソフト（PowerPointなど）

遊び方

❶ 出題者は、プレゼンテーションソフトを使って、1つずつヒントを出していく。

❷ 解答者は、わかった時点で出題者にZoomのチャット機能を使って答えを送る。

❸ 一番はじめに正解した人の勝ち！

■◀ 答えが「マスク」の場合

プレゼンテーションソフトを使って、ヒントを出していきます。

チャットで解答します。

答えには、写真をつけるとわかりやすいでしょう。

問題①

①これは、日常生活で使うものです。

②白いものが主ですが、ピンクや黒やグレーを使う人もいます。

③ひもがついています。

④メガネが曇ります。

⑤最近需要が高まり、かけていない人は、他の人から近寄られなくなることもあります。

答えは……マスク

アレンジポイント

・ヒントを言葉ではなく、写真の拡大で出してもいいでしょう。

・少しずつ物体から離れた写真を見せていくのも面白いです。

・写真の場合は、誰でもわかるものでなくてはいけません。

・わかりやすいようなヒントもつけ加えておきましょう。

・写真と言葉を両方取り入れた問題でもいいです。

35 国旗ゲーム

★★

このゲームは国旗にまつわる話をクイズにすることで、普段目にする国旗の由来を楽しみながら知り、世界の国々に興味を持ってもらうものです。楽しい上に知識も得られて一石二鳥です！

準備するもの

・問題（国旗の絵）と解答（解説）

遊び方

❶ 制限時間は１分。

❷ リーダーが国旗に関するクイズを５問出す。

❸ チャットや紙などを使って解答してもらう。

❹ 最も多く答えられた人（あるいはチーム）が勝ち。

第１問

Q1：次の国旗はアメリカ合衆国の国旗ですが、この左側の50の星は何を表しているでしょうか？次の中から１つ選んでください。

①県
②州
③都市

１問目のアメリカの国旗についての３択を見せます。

A1：正解は②の州です。
・アメリカ合衆国を構成する州（50州）を表しています（なお13の線は独立当初の13州）。

制限時間１分が経過したら、次のページの解答を見せます。

（正解は②の州）

第2問

Q2：これらの国旗には星と三日月が書かれていますがこれらの国に共通しているものは何でしょうか？　次の中から1つ選んでください。
①キリスト教を国教（国の宗教）としている。
②仏教を国教（国の宗教）としている。
③イスラム教を国教（国の宗教）としている。

2問目の5つの国旗に共通するものについて3択を見せます。

A2：正解は③のイスラム教を国教（国の宗教）としている国々です。
・イスラム教とは、3大宗教（キリスト教、仏教、イスラム教）の1つで、信者数がキリスト教（20億人）に次いで多いです（16億人）。
・これらの国々に描かれている三日月と星はイスラム教のシンボルとされていて
　三日月…発展　　　星…知識
を表しています。40か国のイスラム国家のうち、18か国がこのシンボルを使っています。最初にトルコが採用したようです。

制限時間1分が経過したら、次のページの解答を見せます。
（正解は③のイスラム教が国教）

第3問

Q3：次の国旗はカナダの国旗ですが真ん中の絵は何を表していますか？　次の中から1つ選んでください。

①カエデ
②ヤツデ
③イチョウ

3問目のカナダの国旗についての3択を見せます。

A3：正解は①のカエデです。
・カエデはカナダを代表する木で、その紅葉も有名です。1965年から今の国旗が使われています。

・カナダは北米にあり、世界第二位の面積で日本の27倍もあります。
・カエデは英語でメープル、つまりメープルシロップはカエデの樹液からできており、カナダの特産品です。

制限時間1分が経過したら、次のページの解答を見せます。
（正解は①のカエデ）

注意点

・学年によって問題を難しくしたり、制限時間を増やしたり、また選択問題ではなく、答えを求める形に変えたりできます。

ことわざ
連想ゲーム

★★

与えられた問題に対して、各チームで協力してどれだけ多くのことわざを連想できるかを競うゲームです。

準備するもの

・問題となる文や絵

遊び方

1 4～5人のチームに分かれる。

2 リーダーがことわざに関するクイズを出す。

3 チームごとで、答えとなることわざをできるだけたくさん出して、
チームの代表者がそれらを紙に書いて一斉に出す（制限時間は2分）。

4 最も多く答えられたチームが勝ち！

第1問

問1：動物を使ったことわざを制限時間内により
　　多く挙げてください。

正解例：
・犬も歩けば
　棒に当たる
・豚に真珠
・猫に小判
・トンビが鷹
　を産む
・二兎を追う者
　は一兎をも得ず
・馬の耳に念仏

動物を使ったことわざについての問題
を見せます。

制限時間2分が経過したら次のページ
の正解例を見せた上で各チームの解答
を確認します。

第2問

問2：数字を使ったとこわざを制限時間内により
　　多く挙げてください。

正解例：
・十人十色
・石の上にも三年
・一を聞いて十を
　知る
・五十歩百歩
・三つ子の魂百まで
・一寸の虫にも五分の魂
・百聞は一見にしかず…

数字を使ったことわざについての問題
を見せます。

制限時間2分が経過したら、次のペー
ジの正解例を見せた上で各チームの解
答を確認します。

第3問

問3：身体の一部を使った
　　ことわざを制限時間
　　内により多く挙げて
　　ください。

正解例：
・のど元過ぎれば熱さを忘れる
・仏の顔も三度まで
・口はわざわいのもと
・壁に耳あり障子に目あり
・目の上のたんこぶ…

身体を使ったことわざについての問題
を見せます。

制限時間2分が経過したら、次のペー
ジの正解例を見せた上で各チームの解
答を確認します。

アレンジポイント

・学年によっては特定の内容に限定して難しくしたり（例：動物を
「鳥」に限定等）、制限時間を増やしてもいいでしょう。

37 4コマ漫画づくり

★★

4人で行うゲームです。出されたお題に合わせて1人1コマ、パソコンなど（紙でもOK）で絵を描いて物語を作ります。パソコンで描くと難しくなるので簡単な絵からスタートしましょう！

準備するもの

・紙またはホワイトボード、（パソコンで描かない人）
・筆記用具

遊び方

❶ ブレイクアウトセッションで4人1チームに分かれる。

❷ 共有でホワイトボードを開く。

❸ 絵を描く順番を決める。

（1コマ目から4コマ目までの担当を決め、1コマ目の担当はお題も決める）

❹ 1人ずつ絵を描いて物語を作っていく。

（お題）

・もしもドラえもんが家にいたら

・空中に図書館があったら

・夢の中で夢だと気付いたら、など

■◀ お題が「家でヒマだ！」の場合

1人につき3分でテーマに沿って絵を描きます。

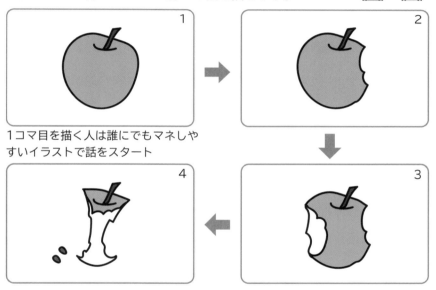

1コマ目を描く人は誰にでもマネしやすいイラストで話をスタート

4コマ目を描く人はクスッと笑えるオチがつくといいかも

注意点

・4コマで1つの作品になるため登場する人物やキャラクターのイラストはできる限り統一します。

アレンジポイント

・慣れてきたらセリフを考えてみてもよいかもしれません。

38 偉人の名言クイズ

★★

偉人の名言クイズは、1人が偉人の名言を言い、他の人が誰が言ったものなのかなどを当てるゲームです。

準備するもの

・特になし

遊び方

❶ 出題者が偉人の名言・格言を挙げる。

❷ 解答者は誰が言ったものなのかなどを当て、個別チャットに送る。
一番早く正解した人が勝ち！
問題が難しければ、ヒントを出してもらう。

※偉人の名言　サイト
https://meigen-ijin.com/ijin-meigen/

■◀ A君が出題者の場合

出題者はできるだけみんなが
知っていそうな人の言葉を選
びましょう。

注意点

・チャットで間違えて全員に送らないように注意しましょう。

アレンジポイント

・「身近な人が言っていることなどをまぜる」「名言の虫食い問題みたいにする」など、いろいろ変えてみたりするともっと面白くなるかも!?

39 イントロクイズ

★★

曲の出だしを流して、その曲のタイトルは何か当ててもらうゲームです。みんなが知っていそうな曲を流すときっと盛り上がるはず！ いろいろなジャンルの曲にすると面白くなりますよ！

準備するもの

・自分の持っているCD
・音楽再生機器

遊び方

❶ 自分がリーダーの場合⇒自分以外の人にミュートをかける。
　自分がリーダーではない場合⇒リーダーの人に全員ミュートをしてもらい、自分だけミュートを解除する。
❷ 自分の持っているCDを音楽再生機器（ラジカセなど）で曲を再生する。
❸ わかった人から個人チャットで曲のタイトルを解答してもらう。
❹ イントロが終わったら停止し、正解者１～３位までを発表する。イントロが終わっても正解者がいなかった場合は、もう一度曲を再生するか、ヒントを出す。

■◀ 答えが「こいのぼり」の場合

「こいのぼり」と解答した人が正解です。早く正答を出した人から１～
３位として発表します。

注意点
・曲のタイトルが英語のときはひらがな、カタカナも正解にします。

アレンジポイント
・本文には音楽再生機器を用いた方法を載せましたが、自分の持っ
ているCDをパソコンに取り込んで曲だけ共有する方法もありま
す。

40

広げてゲーム

★★

くしゃくしゃの紙を少しずつ広げていくと、中に書かれた文字が見えてきます。その文字は何か当てるゲームです。複雑な文字にするともっと楽しくなりますよ！

準備するもの

- ・A４サイズの紙
- ・マジックペン

遊び方

❶ 出題者は、A４サイズの紙の中心に大きくマジックペンで文字を書く。

❷ 文字を内側にして、くしゃくしゃに丸める。

❸ 紙が画面に映るようにゆっくりと広げる。

❹ くしゃくしゃの紙の中に書かれた文字がわかった人から解答を個人チャットで送ってもらう。

❺ 正解を言い、正解者１〜３位までを発表する。

■◀ 答えが「本」の場合

A君
本

B君
木

C君
本

D君
本

出題者はゆっくりと紙を広げる

この場合「本」と解答したＡ君、Ｃ君、Ｄ君が正解です。

また、正解者の中で早かった人から順に順位を決めます。

個人チャットができない場合は、全員のチャット欄で行う方法もあります。

■◀ 答えが「柱」の場合

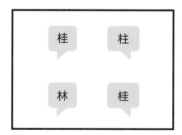

桂　　柱

林　　桂

注意点

・解答を口にしてしまう人がいるかもしれません。そのような場合
　はミュートにするのがおすすめです。

アレンジポイント

・紙の代わりに布を用いる方法もあります。

41

これ、わから「へん」？

★★

へん抜きで出てきた漢字のへんを当てるゲームです。たくさん問題を出して、誰が一番早く答えられるか競争すると盛り上がります！

準備するもの

・問題を書いた紙
・筆記用具

遊び方

❶ 出題者は、へん抜き漢字を出す。1問につき5つくらいのへん抜き漢字を出すといい。

❷ 答えがわかった人から順にコメントに打ち込んでいく。

❸ 一番早く答えがわかった人の勝ち。

例

① 兼	幾	戒	矣	朱	答え	木へん
② 呆	昔	反	也	衣	答え	人べん
③ 亍	殳	皮	走	寺	答え	行人べん
④ 十	勹	艮	帛	咼	答え	金へん
⑤ 也	匀	荅	竟	方	答え	土へん

莫 兼 寸 幾 戒

出題者は画面共有を使って、
へん抜き漢字の問題を出す。

え一全然
わからないー

ハイハイ！
わかったー！

木へん

せーかい！

わかった人から次々にコメント
に入力していきます。

注意点

・寺のように、2つ以上のへんが考えられる（詩、待、持など）へ
ん抜き漢字は、どれかわからなくなり難しいので、へんが1つし
かつかないか確かめてから問題を出しましょう。

アレンジポイント

・へんの種類が2種類以上ある漢字を1問に2つくらい出すと、ひ
っかけ問題になって面白いかもしれません。

42

カタカナーシ

★★

カタカナ語を使わずにお題を説明するゲームです。このゲームは大人数でやればやるほど盛り上がります。

準備するもの

・紙
・筆記用具

遊び方

❶ 5〜10人のチームを作る。
❷ 出題者を決め、お題を決める。
❸ 出題者がカタカナ語を使わずにお題を説明する。
❹ 解答者がお題を当てる。

お題例

コアラ	コメント
セーフ	ジャングルジム
ペンギン	ライオン
デザイナー	ケーキ
ファイル	ベッド

参考「カタカナーシ」

■◀ 答えが「ジャングルジム」の場合

出題者はカタカナ語を
使わないように気を付けながら
お題を出す。

注意点

・あまりカタカナ語を使わずに言えてしまうお題は簡単なので、難しい問題を出すときにはカタカナ語をいっぱい使ってしまいそうなお題にしたほうがいいでしょう。

アレンジポイント

・大人数でやる場合は、早く答えを言えた解答者を勝者にすると盛り上がります。

43 仮想ツアープランナー

★★

このゲームは、グループで旅行のプランを計画します。空想の場所、行ってみたかった場所など、たくさんの案が出てきて面白いです！

準備するもの

・紙またはホワイトボード
・筆記用具

遊び方

❶ リーダーを決める。
❷ 3〜6人のグループに分かれる。
❸ 各グループで旅行のプランを立てる。 最低でもいつ、どこへ、誰と、何をするかという内容は決める。
❹ リーダーは自分が一番行きたいと思ったツアーを選ぶ。 リーダーに選ばれたグループが優勝！

各グループのメンバーは、「いつ」「どこで」「誰と」「何をするか」を考えます。

アレンジポイント

・行ったことのない場所や、行くことができない場所でもOKにすると面白いです。

44

究極の選択

★★

リーダーの心を読み、同じ答えになるように質問に答える遊びです。リーダーの意外な選択にみんなで盛り上がりましょう！

準備するもの

・質問（10問ほど）
・紙またはホワイトボード
・筆記用具

遊び方

❶ リーダーを決める。

❷ リーダーはお題となる質問と３択の答えを考えてみんなに見せる。

❸ リーダー以外はどれがいいかを選び、選んだ番号をホワイトボードや紙に書いて見せ合う。リーダーも選んだ番号を書き、誰にも見せずに伏せておく。

❹ リーダーが選んだ番号を見せる。

❺ リーダーと同じ番号を選んだ人は１ポイント獲得し、最終的に一番多くポイントを持っている人の勝利となる。

■◀ お題が「この中で一番してみたいことは？」の場合

リーダーはお題となる質問とその答えとなる3つの選択肢を考えます。

この中で一番してみたいことは？
1 オーケストラの指揮者
2 イルカにのる
3 ダンスパレードに参加

A君

B君

Cさん

リーダーと同じ番号を
選んだ人は1ポイントを
GET!

リーダー

やったー

注意点

・自分の選んだ番号はホワイトボードや紙に大きく書いて見せましょう。

アレンジポイント

・制限時間を決めると良いでしょう。
・選ぶのが難しい質問を作りましょう。迷うのが楽しいです！

103

45

県名さがしゲーム

★★

文章の中に隠れている都道府県の名前を探すゲームです。ポイントは、漢字を一度ひらがなに直してみるとわかりやすくなって楽しめます。

準備するもの

・問題を書いた紙
・筆記用具

遊び方

❶ リーダーが文章問題を出す。
❷ 各自で考える。またはブレイクアウトルームで4〜5人のグループに分けて考えてもよい。
❸ わかった人から、リーダーのチャットに答えを入力する。

■◀ 答えとなる都道府県が３つある場合

制限時間は3分です。

いくつの都道府県名が隠れているか、ヒントを出してもいいでしょう。

問題を出す　　　考える　　　わかったら

チャットに入力する

むすこのやすしが、きょうとまりがけで
かるいざわへいきました。でも、まいと
しいっているので、「もうあきたー！」
といっていました。

注意点

・都道府県名をいくつも入れすぎると文章を作るのが難しくなるの
　で、最初は１つから始めてみましょう。

アレンジポイント

・できるだけ、漢字からひらがなに直さないとわからないようにす
　ると楽しいです。

46 組み合わせ漢字ゲーム

★★

文字を組み合わせて１つの漢字を完成させるゲームです。ポイントは、上下や左右に組み合わせるだけでなく、文字の向きを変えたりして合体させていきます。

準備するもの

・問題を書いた紙
・筆記用具

遊び方

❶ リーダーがバラバラにした漢字の問題を出す。
❷ 各自で考える。またはブレイクアウトルームで４～５人のグループに分けて考えてもよい。
❸ わかった人から、リーダーのチャットに答えを入力する。

■◀ 答えが「大」の場合

制限時間は5分です。

難しい漢字は、時間を少し長く設定してもいいでしょう。

問題を出す　　　　考える　　　　わかったら

チャットに入力する

注意点

・文字をバラバラにしすぎないようにしましょう。

アレンジポイント

・問題の1文字ずつを、漢字の大きさと同じように変えるとわかり
やすくなり、全部同じ大きさに統一すると難しくなります。

回文づくり

★★

回文とは最初から読んでも最後から読んでも同じ読み方になる言葉や文です。インターネットで見つけるのもありです。このゲームでは早く長い回文を見つけられるかがカギとなります！

準備するもの

・紙
・筆記用具

遊び方

❶ ブレイクアウトルームに行く（5〜6人に分かれる）。

❷ インターネットなどを駆使して、グループで協力してできるだけ長い回文を作る（制限時間は3分）。

❸ メインセッションに戻り、みんなの前でグループごとに発表して、1番長かった回文を作ったグループの優勝！

まずは、グループごとで回文を考えましょう（インターネットを使ってもOKです）。

りもこん
てんこもり

A君

トマト

B君

グループ内で1位を決めます（この場合はA君）。続いて、メインセッションで発表します。ここで一番長い回文を出したグループが優勝です。

りもこん
てんこもり

1班

いかとだんすは
すんだのかい

2班

2班の勝ち

やったー

注意点

・調べるのに夢中になりすぎて時間切れにならないようにしましょう。

アレンジポイント

・調べるのを禁止にしたら難易度が上がります。

48 バーチャル背景大喜利

★★

その名の通りみんなを一番笑わせた人が優勝です。みんなを笑わせるのに使うのは、Zoomならではのバーチャル背景です。面白かった人をメモして1番だと思った人に投票しましょう。

準備するもの

・バーチャル背景になるもの

遊び方

❶ インターネットでバーチャル背景を見つけ、使えるようにする。自分が持ってる写真を使ってもOK!

❷ みんなでZoomをつないで、発表の順番を決め、その順番に発表する。

❸ 最後に投票機能で1番を決める。

最初に準備をするときはビデオをオフにしておき、みんなに見せる瞬間にオンにします。

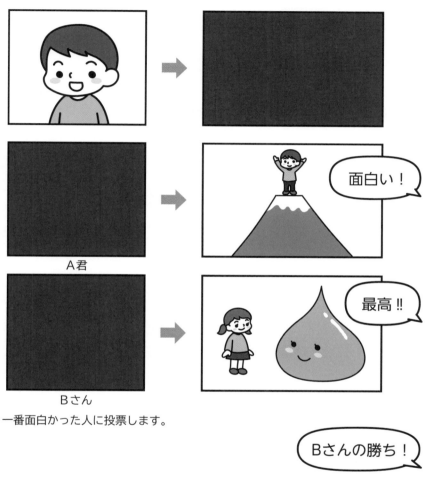

A君

Bさん

一番面白かった人に投票します。

Bさんの勝ち！

注意点

・このゲームは事前に準備が必要です。

アレンジポイント

・かっこいい1位やかわいい1位など、お題を変えてもOK!

49

秘密当てゲーム

★★

みんなが知らない、他の人の秘密を出題して当ててもらうゲームです。友達の意外な一面を知ることができるので、クラス全員でも楽しめます！

準備するもの

・特になし

遊び方

❶ 出題者が友達や先生の秘密を出題する。

❷ 解答者はそれがウソか本当かを見破る。

❸ 「せーの」などと声をかけて解答者は一斉に〇か×かを答える。

❹ 出題者（もしくは問題となった人）は正解を発表する。

・ゲームを始める前に全員ビデオをオンにしてからスタートします。

・自分のことを問題として出すのも面白いです。
絶対にみんなが知らない自分の秘密などを出したら盛り上がること間違いなしです！

ギネスクイズ

★★

みんなが知ってそうで知らないギネス世界記録や面白い世界記録をクイズにして出すゲームです。調べていくといろいろなギネス記録がわかるのでそれも魅力です！

準備するもの

・事前に作っておいた問題

遊び方

❶ 出題者が自分の知っている面白い記録や、調べてきた記録を選択問題にして出す。

❷ 解答者は、答えを選んで言う。

❸ 答え合わせをする。正解した人には１ポイント、ポイントが多い人が優勝！

■◀「世界一短い曲」を問題にした場合

出題者は知っているギネス記録（もしくは調べた記録）を選択問題にして出します。

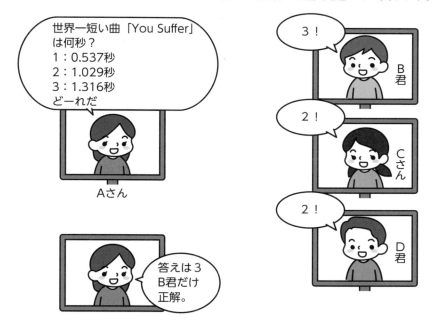

正解したら1ポイント獲得します。最後に一番ポイントが多い人が優勝です。

注意点

・参加人数が多いときは、出題者にチャットを送ってもいいでしょう。

アレンジポイント

・リアルでやるときは、自由に調べていいようにしたり、zoomの投票機能を使って全員で答えを決めたりしてみても面白いでしょう。

51

対義語ゲーム

★★

3～40人で行うゲーム。ある言葉の対義語を他の人が当てます。難易度に応じて点数を上げていくことで、俄然ゲームに熱気を帯びてきます。国語の勉強にもなりますよ。

準備するもの

・紙または、ホワイトボード
・筆記用具
・問題

遊び方

❶ 出題者を決める。
❷ 出題者は問題となる言葉を5問用意して全体チャットに送る。そのうち3問はやさしい問題、2問は難しい問題に分けて点数を決める（やさしい問題は5点、難しい問題は20点など）。
❸ 解答者は問題となる言葉の対義語を考える。そして答えを白い紙に書き、一斉にみんなで見せ合う。
❹ 出題者が正解と点数を発表。自分で丸付けをして総合得点を出題者のチャットに送る。
❺ 一番点数が高かった人の勝ち。

◀ 問題を「大きい」「楽しい」「深い」「恥ずかしい」「学ぶ」とした場合

出題者は用意した
問題を全体
チャットで送ります。

一斉に出す

小さい
悲しい
浅い

小さい
苦しい
浅い
誇らしい

小さい
苦しい
浅い
誇らしい
教える

正解は…

やった！
55点だ！

注意点

・出題者はあらかじめ様々な難易度の対義語を用意して、点数を考えておきましょう。

アレンジポイント

・「中間があるもの」「中間のないもの」「相互関係にあるもの」などを使うと言葉を考えやすいです。インターネットで調べてもOKです。

52

楽器当てゲーム

★★

手もとにある材料だけで楽器を作り、他の人に音色を聞いてもらい、どの材料で作ったかを当ててもらうゲームです。

準備するもの

・楽器となる材料

遊び方

❶ 家や学校にある材料を用意する。
❷ 出題者はいくつかの材料を使って楽器を作る。
❸ ビデオをオフにして音色を聞いてもらう。
❹ 出題者はヒントを出す。
❺ 解答者はわかった人から材料の名前を言う。
❻ 解答者は正解を発表する。

注意点

・あまり難しくすると答えにくいので、使う材料は3〜4個が目安です。

アレンジポイント

・音を聞かせるのではなくて、形の説明をするのも面白いです。
オンラインでなくても楽しめます！

川柳づくり

いろは歌のように、できるだけ使うひらがなが重ならないように工夫して、川柳づくりに挑戦してみましょう。言葉探しで、頭の体操になります！

準備するもの

- ・紙またはホワイトボード
- ・筆記用具
- ・ひらがな表（あるとつくりやすい）

遊び方

❶ リーダーが使用していいひらがなを選んで、ルールを説明する。

❷ ブレイクアウトルームで4～6人のグループに分ける。

❸ 各グループで川柳づくりに挑戦。

❹ 各グループの代表作品を選んで、ブレイクアウトルームを終了する。

❺ 各グループの代表作をみんなに披露する。

■◀「ま」と「な」を使わない場合

リーダーが使用していいひらがなを選んで、ルールを決めます。

例：下記のルールで俳句をつくる。

　　　ルール①ま行と、な行は使えない。

　　　　　②同じ字は3回まで使ってよい。

　　　　　（はとぱなら、は2回となる）

　　　　　③を→お、濁音は、が→か　とみなす。

Aさん
汗だくで
スイカを食った
笑顔たち

B君
小池さん
感染対策
学校で

注意点

・できるだけひらがなが重ならないように言葉を探しましょう。

・ルールは、字の制限を緩くすると簡単になるし、強くすると難しくなるので、大人から子どもまで楽しめます。ルールを変えて、何度でも挑戦してみましょう。

54 はなまる計算

★★

＋・－・÷・×のうち、どれを何回使ってもよいので、決められた答えになるように計算式を考えるゲームです（計算式は数個に分けても構いません）。よい脳トレになります。答えは１つとはかぎりません。いろいろ考えて楽しんでください。

準備するもの

・紙またはホワイトボード
・筆記用具

遊び方

❶ リーダーが問題を作り提示する。
❷ 解答者は計算式を考えて答えがわかったら、紙やホワイトボードに書く。
❸ 早く計算式を考えられた人の勝ち。

参考「ジャマイカ」

■◀ 答えが「14」になる問題の場合

「6つの小さな丸の中に書かれた数字を、足したり引いたり割ったり掛けたりして、真ん中の大きな丸の中に書かれている数字になるように計算式をたててください。計算式がわかったら、紙またはホワイトボードに書いてください。早く解けた人の勝ちです。それではスタート！」とリーダーが言ってゲームを始めます。

解答例
5＋5＋4＝14
14＋（2－1－1）＝14

注意点

・どんな式を作っても答えにたどり着けないことがたまにあるので、問題を作ったら自分で解いてから出題してください。

アレンジポイント

・問題を作るとき、真ん中の大きな丸は10〜50までの数。まわりの小さな丸は1〜9までの数にするのがおすすめです。

・問題例をもう1つ挙げておきます。いくらでも問題は作れます。様々な問題を楽しんでみてください。

解答例：7×5＝35
　　　　（6＋4－9）×1＋35＝36

創作漢字ゲーム

★★

ブレイクアウトルームに分かれ、ルームごとのお題（カタカナ語）を決めて、そのお題の漢字を1人ずつ作ります。メインセッションに戻ったら、みんなにその漢字を見せて、お題は何だったのかを当ててもらいます。

準備するもの

・紙
・筆記用具

遊び方

❶ ブレイクアウトルームに分かれる。
❷ ルームの中で自分たちが作りやすそうな漢字を決めて1人ずつ作る。
❸ 紙と書くものを用意し、自分の考えた漢字を紙に書く。
❹ メインセッションに戻りその紙をみんなに見せる。
❺ みんなにお題は何だったのかを当ててもらう。

■◀ お題をソフトクリームにした場合

例えばブレイクアウトルーム①の人たちがお題をソフトクリームにした場合、Aさんは柔菓子という漢字を作りました。Bさんは氷白夢という漢字を作りました。Cさんは冷巻という漢字を作りました。メインセッションに戻ってそれを見せると、誰かが「クッキー」と言いました。正解はソフトクリームなので、間違いです。

アレンジポイント

・学校にあるもの、などと範囲を決めても面白いかもしれません。

56

頭文字ゲーム

★★

お題をもとに漢字を考えます。ひらめき力と知識を最大限に引き出すことができるかがポイント。決められた短い時間の中でぜひ、負けないように最後まで頑張ってください！

準備するもの

・紙またはホワイトボード
・筆記用具

遊び方

❶ リーダーがお題となるはじめのひらがな（１文字）を決める。

❷ そのひらがなから始まる漢字（１文字）をたくさん書いていく。

❸ リーダーは、参加者に何個書けたかを聞く。

❹ 一番多く書けた人が勝ち。

※考える時間は、３〜５分。

■◀ お題が「あ」から始まる場合

（考える時間：4分）

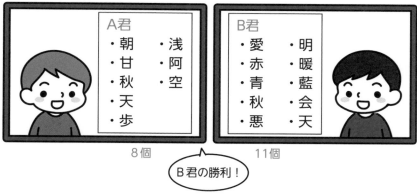

A君
・朝　・浅
・甘　・阿
・秋　・空
・天
・歩

8個

B君
・愛　・明
・赤　・暖
・青　・藍
・秋　・会
・悪　・天

11個

B君の勝利！

注意点

・辞書やパソコンなどで調べてはいけません。
・熟語では書きません（熟語でしか読まないものは、個数に含みません）。

アレンジポイント

・漢字を覚えたばかりの小学1、2年生の子やひらがなしか使えない人は、リーダーが決めたひらがなから始まる言葉をたくさん作っていきましょう。

57 顔当てゲーム

★★

写真が誰かを当てるゲームです。このゲームは、準備するものが少ないので気軽にできます。先生の写真をトリミングして出題すればクラスが盛り上がること間違いなしです！

準備するもの

・誰かの顔の一部分を切り取った写真
　（写真のトリミングという機能などで切り取ることができる）

遊び方

❶ リーダーが誰かの顔写真の一部分を見せる。
❷ 参加者がその写真を見て誰かを当てる。

■◀「先生」の写真を問題にした場合

時間は2分くらいがいいでしょう。
答えがわかったら、リーダーへ個人チャットなどで伝えましょう。

この場合①が正解になります。

注意点

・問題となる写真は、誰もが知ってる人にしましょう。

アレンジポイント

・顔だけでなく手などでも面白いかもしれません。

58 似顔絵当てゲーム

★★

似顔絵を描いて、その描いている人を当てるというゲームです。簡単な
ゲームですが、意外とわからなくて、とても盛り上がります。

準備するもの

・紙またはホワイトボード
・筆記用具

遊び方

❶ ブレイクアウトルームで４〜６人のグループに分かれる。

❷ じゃんけんなどで似顔絵を描く人と当てる人に分かれる。

❸ 似顔絵を描く人はメインルームのリーダーのもとに帰って来て、リー
ダーが描く人〔お題の人〕を言う。

❹ 似顔絵を描く人はブレイクアウトルームの４〜６人のグループに戻
る。

❺ 似顔絵を描く人はリーダーに言われた〔お題の人〕をホワイトボー
ドもしくは紙に描いて他の人に見せる。

❻ 他の人は誰を描いているのかを当てる。描いている人を当てる。

■◀〔お題の人〕が「校長先生」の場合

①似顔絵を描く人がリーダーに〔お題の人〕（この場合は校長先生）を聞きに行きます。

②似顔絵を描く人はグループのもとに戻ります。

③似顔絵を描く人はグループの人に〔お題の人〕がばれないように〔お題の人〕の似顔絵を描きます。

④グループの人は似顔絵を見て、〔お題の人〕を当てます（この場合はグループの人が「校長先生」と答えているので、正解です）。

注意点

・絵を描いているときや、リーダーが〔お題の人〕をいうときは、他の人に答えがばれないようにミュートをかけたり、小声で喋ります。
・他の人が知らないような人は〔お題の人〕にしてはいけません。

アレンジポイント

・似顔絵だけではなく、動物やキャラクターなどでもやってみるとより面白くなるはず。やってみてください。

59

場所当てゲーム

★★

このゲームは、身近な場所の写真を出し、その写真が何かを当てていきます。近くの場所でも、覚えていないこともあるかもしれません。悩んでいたら、実はとても身近なものかも!?

準備するもの

・出題する場所の写真

遊び方

❶ 出題者が写真を画面共有して、その画像を見せる。

❷ わかった人は出題者に個人チャットで考えた解答を送る。

❸ 15秒ほど見せたら、答えを発表する。

❹ 解答が合っていた人、上位3人まで発表する。

❺ 次の画像に行く。

■◀ 学校の校門の写真を使った場合

　出題者は、「今から15秒間写真を見せます。そこの場所がわかったら
個人チャットに打ち込んでください」と言ってください。

学校の校門！

注意点

・考えた答えを個人チャットでなく、全員チャットに送らないよう
　にしましょう。

アレンジポイント

・編集で写真を白黒にしたり、モザイクをかけたり、2つの写真を
　合成したりするとより面白くなります。
・場所だけではなく、人物、漢字、絵画などでも応用できます。

（アレンジ例）

白黒のレインボーブリッジ　　浅草寺と東京タワーの合成　　「細」と「太」の合成

60

プロポーズの言葉

★★

名前の通り、プロポーズの言葉を考える遊びです。ただし、無作為に選ばれた単語を使って考えるので、普通とはちょっと違ったプロポーズになります。面白いプロポーズをたくさん作って楽しみましょう！

準備するもの

・メモ用紙
・筆記用具

遊び方

❶ 1人1つ（もしくは2つ）ずつ、単語を考える。

このゲームを用意した人以外は、何のために単語を考えるのかを伝えてはいけない。ゲームの名前も言ってはいけない。

❷ その単語を使って、プロポーズの言葉を作る。

考えた単語は絶対に使わないといけない。ただし、考えた単語以外の言葉を使っても構わない。

■◀ １人２つずつ単語を考えてもらう場合

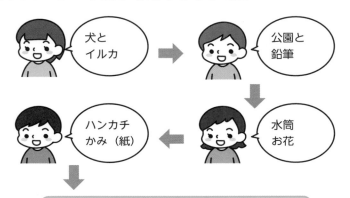

> 犬・イルカ・公園・鉛筆・水筒・お花・
> ハンカチ・紙

この８個の単語を使ってプロポーズの言葉を考える。

> お花と水筒を持って犬と一緒に公園でピクニックしたいな。そこで鉛筆で紙に君の似顔絵を描いて楽しい時間を過ごしたいよ。別の日には水族館に行って、イルカの飛沫をくらった君をこのハンカチで拭きたい！

注意点

・考えた言葉をメモしておいたほうがいいでしょう。

アレンジポイント

・１人１つずつ単語を考えるのではなく、２つずつや３つずつ考えて、使わないといけない単語を増やしてみるともっと面白いプロポーズの言葉ができるかもしれません。

61

ピクトグラムクイズ

「ピクトグラム」は、公共の施設などでよく使われる、文字の代わりに、単純な絵で意味を伝える絵記号のこと。あなたの想像力を活かして、何のピクトグラムか当ててみましょう！

準備するもの

・ピクトグラム

遊び方

❶ リーダーの人はあらかじめクイズで使うピクトグラムを選んで、ホワイトボードや紙に描いたり、PowePoint上などにピクトグラムの絵を準備する。

❷ リーダーが画像を共有したり、手元の絵を見せたりして、みんなにピクトグラムを提示して、何のピクトグラムかを当ててもらう。

❸ リーダーは、答えがわかった人を指名して答えてもらう。答えを指名されなかった人も、正解だったときは、いいねボタンを押してもらう。

■◀ 東京2020オリンピックスポーツピクトグラムを使った場合

https://tokyo2020.org/ja/news/news-20190312-01-ja
東京オリンピックでは、全33競技50種類のスポーツピクトグラムがあります。リーダーはピクトグラムを選んで問題を出し、何の競技のピクトグラムか当ててもらいます。

アレンジポイント

・オリンピックスポーツピクトグラムの場合、似ている競技があるものや、まだあまり知られていない競技を選んで問題にすると盛り上がります。
・自分のオリジナルピクトグラムを作ってもいいでしょう。

62

コトバ探しゲーム

★★

辞書を引いて言葉を探す遊びです。遊び方は簡単なので、誰でも楽しめます。「辞書は苦手！」という方も、ぜひ1回試してみてください。楽しく言葉を覚えられるようになりますよ。

準備するもの

・国語辞典
・お題
・筆記用具

遊び方

❶ リーダーはお題（やさしい言葉、おおきなものなど）と範囲（あ行、か行など）を決める。
　※小学館の「コトバト」公式サイト（https://www.shogakukan.co.jp/pr/reikai/kotobato/）のお題メーカーを使えばランダムでお題が出てくる。
❷ 解答者は、その基準に合った言葉を国語辞典から探す（制限時間は3分）。
❸ 解答者は、探した言葉とその理由を発表する。
❹ 言葉が基準に合っているかどうか、他の人たちに投票してもらう。
❺ 得票数が一番多かった人の勝ち。

■◀ お題が「かたいもの」、範囲が「ら行」の場合

① お題・範囲決め

② 3分間辞書で言葉を探す

③ 言葉と理由を発表し合う

1人目

2人目

3人目

4人目

④ 投票タイム

注意点

・辞書で言葉を探す時間を制限すると、面白い言葉が出てくるので
時間オーバーにならないようにするといいでしょう。

「Zoomあそび」でクラスが変わる

　私は、2020年4月から6年生を担任することになりました。

　筑波大学附属小学校では、1～3年の3年間を担任して、一度クラス替えをします。そして、4～6年の3年間を続けて担任することが多いです。

　4年生、5年生と2年間の担任をしてきて、続けて6年生担任になったというわけです。

　クラスの子どもたちも、2年間、各教科の授業、運動会、合宿、劇などを一緒に取り組んできて、家族のような仲間たちと一緒に、6年生に進級してきたのです。

　しかし、2020年2月末から5月末までは、コロナ禍による臨時休校。これまでとは全く違う6年生への進級になってしまいました。

　楽しみにしていた行事の中止の連絡。外出できないイライラ。仲間と一緒に活動できない寂しさ。先の見えない不安。

　一人ひとりの子どもの心が、ガラガラと崩れていくのを感じました。

　私たちの学校では、子どもたちの学びを止めないために、オンライン学習をスタートしました。

　「Zoom」による朝の会。「Vimeo」によるオンデマンドの授業動画の作成。そして「まなびポケット」による学習課題やメッセージのやりとり。

　実は、このZoomによる朝の会から生まれたのが、本書の「Zoomあそび」なのです。

　最初は、私がZoomで遊びを始めて、そのうち、子ども一人ひとりが遊びを提案して進めるようにしました。

　子どもたちが提案する、その「Zoomあそび」が、面白かった。

「ええっ？」「おおっ！」「わかった！」。子どもたちの歓声が飛び交い始めました。

コロナ禍で暗くなり始めていた子どもたちの表情が、「Zoomあそび」によって、明るくなり始めました。

子どもたちは、友達が提案する日替わりの「Zoomあそび」を楽しみにするようになりました。

「Zoomあそび」によって、子どもたちが大きく変わったのです。

実を言うと、本書の「Zoomあそび」の具体例は、私のクラス3部6年の子どもたちが、すべて執筆したものです。

「TKB36 Zoom研究会」という名前には、「TSUKUBA大学附属小学校3部6年」という意味があります。

本書は「『みんなでZoomあそび』を出版しよう！」という総合活動の一環なのです。

さて、6年生の子どもたちが執筆した「Zoomあそび」、いかがでしたか？

オンラインのZoomでも、教室でも、盛り上がります。子どもたちの表情が明るくなること間違いなし。この「Zoomあそび」によって、私のクラス3部6年の子どもたちも明るくなりました。実証済みです。

あなたのクラスの子どもたちも、この「Zoomあそび」をすることで、仲間と一緒に活動する楽しさや嬉しさを味わってほしいと思います。

私たちにとってスペシャルな本企画を温かく見守りながら進めてくださった東洋館出版社の畑中潤さん、本当にありがとうございました。お陰様で子どもたちの「一つの夢」を実現することができました。

最後に、この場をお借りして、筑波大学附属小学校3部6年の子どもたちへのメッセージを伝えたいと思います。どうぞお許しください。

3部6年のみなさん、卒業おめでとう。

「夢」は、実現します。
これからも「挑戦心」をもって、夢に向かって挑戦し続けてください。
私も、負けずに挑戦し続けます。

3年間楽しかったよ。
本当にありがとう。

　　　　　　　　　　　筑波大学附属小学校　3部6年担任　　桂　　　聖

編著者紹介

桂　聖（かつら　さとし）

筑波大学附属小学校教諭。山口県公立小学校、山口大学教育学部附属山口小学校、広島大学附属小学校、東京学芸大学附属小金井小学校を経て現職。筑波大学講師兼任。一般社団法人 日本授業UD学会理事長、全国国語授業研究会理事、光村図書国語教科書編集委員、教師の"知恵".net事務局等を務める。著書・編著に『国語授業のユニバーサルデザイン』『授業のユニバーサルデザイン入門』『教材に「しかけ」をつくる国語授業10の方法』（文学／説明文）『文学の教材研究コーチング 長崎伸仁×桂聖』『「めあて」と「まとめ」の授業が変わる「Which型課題」の国語授業』『授業UDを目指す「全時間授業パッケージ」国語（小学校1〜6年）』（以上、東洋館出版社）、『なぞらずにうまくなる 子どものひらがな練習帳』『なぞらずにうまくなる 子どものカタカナ練習帳』（以上、実務教育出版）、『国語授業UDのつくり方・見方』（学事出版）、ほか多数。

TKB36 Zoom研究会

直太郎（35, 36）	桜子（1, 56）
潤（47, 48）	梨里（7, 57）
奨真（5, 58）	侑夏（3, 4）
翔央（24, 25）	心美（21, 60）
悠雅（22, 32）	菜湖（41, 42）
登應羽（12, 14）	みのり（13, 62）
大輝（8, 10）	伊然（11, 37）
遼介（29, 59）	真央（45, 46）
峻生（38, 50）	真帆（49, 52）
滉大（2, 23）	灯里（15, 18）
健心（19, 54）	千紗（17, 20）
太陽（26, 30）	にこ（9, 27）
隆生（6, 16）	和佳（33, 55）
悠太（28, 34）	暖佳（39, 40）
光永（31, 51）	夏翠（43, 44）
遼（53, 61）	

教室でも楽しめる！
みんなでZoomあそび！

2021（令和3）年3月20日　初版第1刷発行

編著者：桂 聖
著　者：TKB36 Zoom研究会
発行者：錦織圭之介
発行所：株式会社 東洋館出版社
　　　　〒113-0021　東京都文京区本駒込5-16-7
　　　　営業部　TEL 03-3823-9206／FAX 03-3823-9208
　　　　編集部　TEL 03-3823-9207／FAX 03-3823-9209
　　　　振　替　00180-7-96823
　　　　Ｕ Ｒ Ｌ　http://www.toyokan.co.jp

装　丁：mika
イラスト：重山梨沙、千紗（P.13）
組　版：株式会社明昌堂
印刷・製本：藤原印刷株式会社

ISBN978-4-491-04333-3 ／ Printed in Japan　043777